PHILARÈTE CHASLES

EN COURS DE PUBLICATION

CHEZ LE MÊME LIBRAIRE

MEMOIRES
DE NINON DE LENCLOS

PAR EUGÈNE DE MIRECOURT

60 livraisons à 25 centimes, avec gravures.
18 fr. l'ouvrage complet par la poste.

OUVRAGE TERMINÉ

CONFESSIONS
DE MARION DELORME

PAR EUGÈNE DE MIRECOURT

60 livraisons à 25 centimes, avec gravures.
18 fr. l'ouvrage complet par la poste.

Paris. — Typ. de Gaittet et Cie, rue Gît-le-Cœur, 7.

PHILARÈTE CHASLE

Publié par G. HAVARD.

LES CONTEMPORAINS

PHILARÈTE CHASLES

PAR

EUGÈNE DE MIRECOURT

PARIS
GUSTAVE HAVARD, ÉDITEUR
15, RUE GUÉNÉGAUD, 15

1857

L'auteur et l'éditeur se réservent le droit de traduction et de reproduction à l'étranger.

PHILARÈTE CHASLES

C'était quelques jours avant le 18 brumaire.

Le château de Ham renfermait une assez nombreuse collection de prisonniers, jacobins ou royalistes, qui avaient eu maille à partir avec le Directoire.

A cette époque, les haines politiques se montraient plus que jamais farouches et intraitables. Terroristes et Clichiens [1] faisaient bande à part jusque sous les verrous, et la prudence des geôliers assignait aux deux partis des préaux différents.

Sans cette précaution nécessaire, ils se fussent égorgés du matin au soir.

Parmi les *patriotes*, on remarquait un général de cinquante-cinq ans environ, figure énergique, front large, semé de glorieuses balafres et couronné de cheveux gris. Il marchait en s'aidant d'une béquille, parce qu'il avait eu la jambe cassée à Hondschoote, d'un éclat d'obus.

---

[1] On appelait ainsi les membres de ce fameux club de Clichy, qui manœuvraient pour le retour des Bourbons.

Tous ses compagnons d'infortune lui témoignaient la plus grande déférence.

Le général était l'âme de leurs distractions, l'ardent organisateur des représentations dramatiques au moyen desquelles nos prisonniers trompaient l'ennui. Pour oublier le présent, on évoquait les rêves grandioses du passé.

Tragédies grecques ou comédies romaines, tel était le programme invariable du répertoire.

Ce programme, pour d'autres, eût été vraiment inadmissible; mais il était dans le goût de ces hommes, qui avaient voulu faire de la France une nouvelle Sparte.

Quand Harmodius, Aristogiton, Brutus.

et Cassius s'étaient bien époumonés à maudire les tyrans et leur séquelle, le citoyen général adressait une chaleureuse harangue à ses frères et amis, autour de lui groupés.

Le soldat se faisait tribun.

Son éloquence déclamatoire enthousiasmait les auditeurs, et des cris retentissants de *Vive la République!* ne manquaient jamais de couronner son discours.

Avant de gagner son grade sur le champ de bataille, ce vieux militaire avait été conventionnel. Il siégeait aux bancs les plus élevés de la Montagne. Lors du procès de Louis XVI, quand ce fut son tour d'émettre un vote public à la tribune, il s'écria :

« — Je vote pour la mort, dans le plus bref délai ! »

Donc, son illustration révolutionnaire était complète. Ancien professeur de rhétorique à l'Oratoire, il avait jeté le froc aux orties et renié le Christ pour la déesse Raison, ce qui s'appelait *abjurer le fanatisme*, à cette époque imbécile qui essayait de substituer son mysticisme sanglant à la divine loi de charité et d'amour.

Un soir, au beau milieu d'une tirade véhémente, le général s'arrêta tout à coup et jeta une exclamation joyeuse.

La grille du préau livrait passage à une jeune femme, blanche et rose, qui s'approchait de lui, souriante. Elle tenait sur un de ses bras un enfant de quelques mois, et donnait la main à un autre marchant à peine.

C'était la compagne du proscrit.

Notre farouche républicain oublia sa philippique, les prêtres, les rois, et courut l'embrasser avec effusion.

Récemment accouchée, elle arrivait de Chartres, et n'avait pas cru devoir attendre un seul jour, après ses relevailles, pour rejoindre son mari captif.

Elle lui apportait ce nouveau fils qui venait de leur naître.

Le gouverneur, homme sensible et sympathique à l'amour conjugal, lui avait ouvert sans difficulté les portes de la forteresse.

Au bout de cinq minutes accordées à l'épanchement et à la joie de se revoir, le général s'écria :

— C'est un garçon, comment l'appellerons-nous?

— Tu es le maître, mon ami; choisis le nom toi-même, lui répondit sa femme.

— D'abord, je ne veux pas un nom qui se trouve dans le calendrier romain. Si je l'appelais Anacharsis, comme le héros du citoyen Barthélemy?

— Je n'aime pas ce nom-là, fit la jeune

mère avec une petite moue désapprobatrice.

— Tu n'as pas tort. On pourrait croire que c'est en souvenir de ce traître d'Anacharsis Clootz, que nous avons envoyé à la guillotine.

— Oh! mon ami, grâce! murmura-t-elle en pâlissant.

— C'est vrai, j'oubliais... Tu es toujours la même, et tu ne veux pas comprendre qu'il y a de cruelles nécessités politiques... Enfin n'importe! Si tu m'en crois, nous le nommerons Philarète. Cela veut dire en grec *ami de la vertu*. Nécessairement il aimera la vertu, puisqu'il est mon fils.

Voilà comment M. Philarète Chasles, l'un de nos plus illustres écrivains modernes, reçut son très-bizarre prénom[1].

Seulement le général son père se trompait en croyant lui administrer un baptême étranger à toute tradition chrétienne. Philarète est précisément le nom d'un ermite du quatrième siècle, très-dûment canonisé par l'Église.

Le coup d'État du 18 brumaire vint rendre le général Chasles à la liberté; mais la police continua d'avoir l'œil sur tous ses actes.

On lui permit néanmoins d'habiter la capitale.

[1] Victor-Euphémon-Philarète Chasles naquit à Mainvilliers, près Chartres, le 8 octobre 1799.

Bientôt le vieux conventionnel s'aperçut de la surveillance dont il était l'objet.

Son domicile devint tout mystère et tout précaution.

Les premiers souvenirs de Philarète enfant ne lui rappellent qu'une chambre carrée et noire, des volets à peine entr'ouverts, des sonnettes enveloppées de coton, une allée et venue d'hommes marchant sur la pointe du pied, parlant à voix basse, tressaillant au moindre bruit, ayant, en un mot, les allures de gens qui vivent sous l'influence d'une peur continuelle.

Le général Chasles demeurait dans la Cité.

Il habitait un ancien hôtel parlementaire appartenant à l'oncle de Sainte-Beuve.

Cette maison fut démolie en 1845, lorsqu'on perça de larges artères dans le sombre et tortueux labyrinthe de rues enchevêtrées que présentait l'île Notre-Dame.

Plus tard, se décidant à recommencer, au déclin de la vie, son premier métier de professeur de rhétorique, M. Chasles fonda une institution de jeunes gens, rue des Postes, dans le vieil hôtel Flavacourt.

Nos archéologues parisiens connaissent tous cette ancienne demeure aristocratique, dépaysée dans un quartier populaire, entre la rue Saint-Jacques et la rue Mouffetard. Ils admirent ses pavillons, qui montrent leurs chimères empanachées et coiffées à la Pompadour, son grand escalier d'honneur et son immense jardin seigneurial.

Ce fut là que le vieux montagnard s'enferma avec sa colère, un gros chien, *plus de deux mille volumes contre le Christ*[1], et commença l'éducation de ses deux fils, Alcindor et Philarète, en même temps que celle d'un grand nombre d'enfants de ses ex-collègues de la Convention ou de ses camarades de l'armée républicaine.

[1] Les expressions soulignées sont de Philarète Chasles lui-même.

L'Empire était à la fin de son épopée glorieuse.

A cette époque, l'hôtel Flavacourt abritait aussi le peintre Mérimée, père du célèbre écrivain. Plus tard, il eut un locataire illustre de plus, l'historien Michelet.

Il y a des maisons privilégiées.

Notre conventionnel boudeur ne recevait absolument dans sa retraite que les fidèles et les purs. Vadier, Robert Lindet, Amar, étaient presque les seuls auxquels il ouvrît sa porte.

Amar affectionnait beaucoup Philarète et lui faisait lire la *Nouvelle Jérusalem* de Swedenborg.

Cette petite jacobinière sentait 93 à faire frémir.

Un beau matin, le général avisa qu'un plus long séjour dans la maison paternelle nuirait à ses enfants. Il disait avec le philosophe de Genève que, pour devenir un homme, il faut être élevé avec les petits des hommes, et loin des soins trop tendres d'une mère.

En conséquence, il expédia sans plus de retard Alcindor et Philarète au lycée d'Angers.

L'aîné de ces deux jeunes gens avait un caractère vif, emporté, querelleur. Au lieu de traduire Horace, il lisait les bulletins de la grande armée. Bientôt il déclara qu'il ne voulait plus vivre entre les quatre murs d'un collége pendant qu'on se battait d'un bout de l'Europe à l'autre.

Cette ardeur belliqueuse flatta son vieux père.

Agé de seize ans à peine, Alcindor obtint de partir, comme garde d'honneur, dans le 3ᵉ régiment de ligne, commandé par le comte de Ségur.

Quinze jours après avoir rejoint son corps, il fut tué à la bataille de Dresde.

Il avait reçu trois balles dans la tête.

Doué d'instincts bien différents, son frère était un écolier studieux, une nature pacifique. Obtenant toujours les premières places dans ses classes, il consacrait ses heures de récréation à la lecture des poëtes.

Lorsque madame Chasles, désolée de la mort du jeune garde d'honneur, obtint de son mari que le cadet lui fût rendu, Philarète ne s'arracha pas sans regrets à son existence laborieuse. Le bonheur d'embrasser sa mère, qu'il adorait, put seul faire diversion à l'ennui de quitter ses livres.

Or notre fougueux général destinait son second fils, comme le premier, à l'état militaire. Payer sa dette à la patrie était l'un des articles de foi de son catéchisme républicain.

Philarète se prépara donc à passer les examens de l'école de Saint-Cyr.

Mais il était écrit sur le grand livre de la Providence qu'il n'endosserait jamais l'uniforme. L'astre éclatant de l'Empire venait de jeter ses dernières lueurs dans les plaines de la Champagne. Paris capitulait honteusement; ses portes s'ouvraient tout à la fois pour les Bourbons et pour les Cosaques.

Le vieux régicide craignit les représailles de la légitimité victorieuse.

Croyant sa tête en péril et ne voulant pas l'envoyer rejoindre celle de Louis XVI, il résolut de quitter la France et d'attendre les événements de l'autre côté du détroit.

Avant de partir, il appela Philarète dans son cabinet de travail.

— Mon fils, lui dit-il, les malheurs de la patrie m'obligent à chercher asile à Londres. Votre père est encore une fois proscrit ; votre famille est ruinée. Il faut choisir une profession manuelle, afin d'arriver à n'être à charge ni à vous-même ni aux autres.

Philarète avait quinze ans.

Son œuvre intitulé la *Conciergerie*, publié par Ladvocat dans les *Cent et Un*[1], contient les passages autobiographiques qui vont suivre.

« Je me crus un héros, dit-il, en acceptant sans rancune et tristement la meilleure des garanties qu'un homme puisse

[1] Tome Ier.

mettre en réserve contre les chocs de la vie et de la fortune. Je devins, d'écolier qui savait faire un thème inutile, un utile compositeur d'imprimerie. »

Le voilà donc typographe; mais dans quelle typographie, juste ciel!

« Trois casses décomplétées se trouvaient, reléguées et solitaires, au troisième étage d'une maison obscure, située rue Dauphine. Point d'ouvriers pour donner le mouvement à ces morceaux de plomb créateur, pour les transformer en pensée. Les presses oisives et les casses poudreuses chargeaient inutilement le plafond.

« Mon père ne vit dans la solitude de

l'atelier qu'un moyen précieux de protéger ma jeunesse contre la contagion de l'exemple. Sans vivre au milieu des ouvriers, j'allais le devenir et m'instruire sans danger.

« Pendant trois mois, je me rendis régulièrement, depuis huit heures jusqu'à trois, dans l'atelier désert. Là, je restais seul, je rêvais, et souvent l'ennui venait me poursuivre; les leçons du maître étaient rares, et, quand le maniement des lettres et leur pose dans l'instrument qui les unit avaient fatigué mes doigts, je m'asseyais avec un livre. »

Le patron de cette imprimerie désolée s'appelait Jacques.

Notre vieux général lui avait confié son

fils de préférence à tout autre, parce que c'était une de ses vieilles connaissances du club des Jacobins.

Bonnet rouge féroce, Jacques avait porté plus d'une tête d'aristocrate au bout de sa pique, dans le bon temps.

Son imprimerie, pour avoir fait de l'opposition au régime impérial, en était venue, de procès en procès, à une ruine complète, et le patron de ce bouge typographique, dévoré de fiel, de colère haineuse, et peut-être aussi de remords, vivait dans une profonde indigence, avec un fils qui tombait du haut mal.

Philarète composait les *Idylles* de Gessner et le roman pastoral de *Daphnis*, du même auteur.

Ce travail le plongeait dans un ravissement inexprimable.

Il oubliait la chambre maussade et sombre; il n'entendait plus les éternels blasphèmes de Jacques; il se transportait sur les ailes du rêve dans les agrestes vallons de l'Arcadie toujours verte; il se passionnait pour Leucothoé, Cloé, Daphné, les gracieuses pastourelles, et devenait sérieusement poëte.

Chaque matin, c'était une joie pour lui de retrouver sa casse et ses idylles.

Malheureusement, un beau jour, au moment où il entamait le premier chapitre de la *Mort d'Abel*, deux hommes de police entrèrent dans le bouge de la rue

Dauphine, et l'appréhendèrent au corps.

On s'empara de tous les papiers de Philarète, parmi lesquels, pour être exact, nous devons dire qu'il y avait cinq ou six odes républicaines et un dithyrambe forcené contre les tyrans, écho des imprécations paternelles.

Ceci gâtait la situation.

Les exempts conduisirent le jeune homme à la préfecture de police.

On soupçonnait l'imprimeur Jacques d'avoir trempé dans l'une des deux conspirations bonapartistes qui, cette année-là, furent découvertes à un mois de distance. Effectivement il avait prêté sa presse unique à une proclamation de Marie-Louise.

Mais on ne le trouva point à son domicile.

Philarète fut seul conduit au Dépôt, comme apprenti conspirateur:

« Je jetai les yeux autour de moi, dit-il : des hommes demi-nus; des haillons couvrant des femmes au teint rouge et à l'œil lubrique; de ces gens que vous rencontrez à Paris et qui sentent l'estaminet et le mauvais lieu; des paysans en blouse; des fumeurs jouant au piquet sur le carreau avec des cartes grasses; une atmosphère épaisse, infecte; un lit de camp, sur lequel fourmillaient côte à côte la misère, la crapule, le vice, le malheur et le crime, voilà cette salle, placée sous l'invocation de saint Martin.

« C'était là que cette politique cruelle, Briarée aveugle qui écrase tout sur sa route, précipitait mon adolescence, sans pitié, sans remords, sans l'apparence d'une accusation ou d'un témoignage.

« Je fondis en larmes et j'allai m'asseoir dans l'embrasure d'une fenêtre. »

Le pauvre jeune homme, après trois jours passés au milieu de ce peuple étrange, qui parle une langue inconnue pour lui, mais dont la gaieté bestiale le fait rougir, est conduit enfin en présence d'un fonctionnaire de la préfecture.

Celui-ci procède à l'interrogatoire.

— Votre nom?

— Philarète Chasles.

— Ah! fort bien! Vous êtes le fils du général Chasles, conventionnel et régicide?

— Oui, monsieur.

— Votre père a fait de vous un apprenti imprimeur. C'est trop d'amour pour les lettres!

Un sourire parut sur les lèvres de l'enquêteur policier. Ce sourire était dû, moitié à la joie d'avoir lancé un *spirituel* calembour, moitié à la certitude de tenir un coupable.

Mais Philarète ne savait pas le premier mot de la conspiration. Ses réponses l'eussent prouvé à un personnage moins prévenu.

— Je demande, dit-il, qu'on précise les choses dont on m'accuse. Il est probable que mon éducation républicaine et mon métier de typographe ne sont pas seuls incriminés?

— Raisonneur! dit le fonctionnaire : il ne manquait plus que cela! Je vais vous apprendre à vivre en vous envoyant pourrir dans un cul de basse-fosse.

Aussitôt dit, aussitôt fait.

Deux gendarmes entrent, sur un coup de sonnette, et conduisent le jeune homme à la Conciergerie.

On le fourre au secret dans un cachot noir, étroit, humide, meublé d'une botte de paille, d'un baquet, d'une cruche d'eau et d'une écuelle de bois.

Touché de sa jeunesse et de ses larmes, le porte-clefs lui dit :

— Voyons, console-toi ! La prison ne fait pas mourir. Veux-tu entrer à la pistole ? Ce n'est pas cher, et tu seras absolument comme dans ta famille.

— Combien est-ce, la pistole ? demande Philarète, qui voyait un rayon d'espérance illuminer ses ténèbres.

— Une misère : soixante-quinze francs par mois, table et logement compris. Tu auras la cuisine des Frères-Provençaux.

— Hélas ! c'est beaucoup trop cher encore, murmura le jeune homme avec un soupir. J'étais sans argent lorsqu'on est venu m'arrêter.

— Tu n'as donc ni parents ni amis?

— Pardonnez-moi, j'ai ma mère, ma bonne mère, qui doit être dans des transes mortelles. Mais on ne m'a seulement pas permis de lui écrire deux lignes pour la rassurer sur mon sort.

— Écris-lui bien vite. Je me charge de faire parvenir la lettre.

Peu s'en fallut que le jeune prisonnier n'embrassât les genoux de son gardien. Cet homme lui semblait un ange libérateur.

Il lui trouvait, dans le profil, une certaine ressemblance avec saint Vincent de Paul.

Sa mère, le lendemain, vint au guichet payer la pistole. Elle lui fit passer quelques lignes de consolation, et une bague, qu'il n'a jamais quittée depuis.

Le voilà donc, pour la somme dite, en jouissance d'une couchette de bois blanc, d'une chaise mal empaillée et d'une table boiteuse, sur laquelle on lui sert cinq cents grammes de pain et des aliments à peu près mangeables.

Au dos de sa couchette, il déchiffre ces mots, tracés au crayon : « *M. le colonel Labédoyère a couché ici le.....* »

Rien ne subsistait plus de la date.

Madame Chasles fait passer des livres à son fils.

Il reçoit Mabillon, Lebœuf, Sauval, Sainte-Foy, l'Arioste, Jean-Jacques, *Werther*, se trouve plus heureux que jamais, et ne s'aperçoit même pas que les jours, que les semaines s'écoulent, sans qu'on parle de mettre un terme à sa détention.

Heureusement, s'il ne songe pas à la liberté, sa mère y songe pour lui.

Madame Chasles va trouver Chateaubriand, et le grand poëte obtient la délivrance du jeune homme.

Pendant que les portes de la Conciergerie s'ouvrent pour Philarète, les conjurés avec lesquels on prétendait le confondre sont envoyés en exil ou à l'échafaud.

Il vole à la rue des Postes.

Mais tant d'émotions ont brisé sa pauvre mère. Depuis longtemps atteinte d'une maladie de poitrine, elle voit chaque jour son mal s'accroître.

Corvisart, qui lui prodigue des soins, désespère de la sauver.

Philarète la trouve au lit, l'œil fiévreux et les pommettes ardentes, indices certains d'une mort prochaine.

La malade a défendu au médecin d'alarmer son fils.

— Mon cher enfant, dit-elle, tu vas

quitter Paris sur l'heure. Ta valise est prête. Fais-la transporter aux Messageries, et pars aujourd'hui même pour l'Angleterre, car tu n'es plus en sûreté en France.

Comme toutes les mères tendres, dont le cœur double les alarmes, la malade s'exagérait le péril, et Philarète était trop jeune pour juger de la situation par lui-même.

Il partit donc et alla rejoindre outre-Manche le vieux général, son père. Celui-ci le fit entrer comme correcteur dans le célèbre établissement de Valpy, situé à quelques lieues de Londres [1].

---

[1] Philarète Chasles ne tarda pas à apprendre la mort de sa mère. Nous savons, par ce qu'il a écrit

Philarète resta là sept ans, et se fit en quelque sorte une seconde nationalité sur la terre hospitalière d'Albion.

Valpy sut apprécier l'instruction solide du jeune *Frenchman*. Il l'employa tout d'abord à corriger les classiques latins et grecs.

Grâce à son emploi de correcteur, Phi-

---

lui-même, qu'elle était protestante. Elle avait été mariée en premières noces à un royaliste ardent, guillotiné sous la Terreur, un mois juste après le mariage. Le représentant du peuple Chasles l'empêcha, dit-on, de monter elle-même à l'échafaud. Elle l'aurait ainsi épousé par reconnaissance. Nous ne tenons pas ce dernier détail de son fils; mais il nous apprend que madame Chasles était native des Ardennes et qu'elle descendait « d'une vieille race frisonne et hollandaise, dont les chefs, comme l'indique leur nom, *Halma* (*Alma* avec l'aspiration orientale), appartenaient à ces débris arabes battus par Karle Martel. » Le général Chasles mourut en Belgique, deux années après l'installation de son fils à Londres.

larète ne tarda pas à lier connaissance avec toutes les célébrités littéraires de Londres.

Il fut très-souvent en rapport avec le philosophe Bentham, avec Samuel Coleridge, avec les poëtes Southey et Wordeworth, sur lesquels il a publié d'admirables pages. Il connut aussi Porden, l'architecte gothique de Georges IV, alors régent; Ugo Foscolo, Godwin, Hund, Cobbett et sir Francis Burdett.

Ugo Foscolo reçut plus d'une fois le jeune prote dans son hôtel peuplé de Vénus, de Jupiters, d'Apollons et d'une foule d'autres divinités païennes.

C'était un Olympe au grand complet.

L'auteur des *Dernières Lettres de Jacques Ortis* trônait lui-même sur une chaise curule, se livrant à de perpétuelles déclamations contre ses adversaires politiques et contre ses ennemis littéraires.

Sa causerie véhémente produisait absolument l'effet d'une tirade tragique, et son patriotisme, orné d'un masque grec, se guindait sur les échasses de la *Médée* et de la *Clytemnestre*.

« — A vingt-deux ans, disait Ugo Foscolo en se promenant à travers la chambre, j'étais le géant de la Fable, entouré d'ennemis, désappointé dans mes espérances politiques, harcelé comme poëte et banni de ma ville natale. J'ai passé ma vie à me venger. Et ces Anglais! ce sont des brutes; *sono bestie!* Doubles tudesques, les cyclopes ne comprennent rien à ma poésie. Ah! je regrette amèrement ma jeunesse, mes querelles de théâtre, mon soleil de Venise, mes attitudes sublimes d'Ajax foudroyé! Cette vie anglaise, cette vie de bœuf emprisonné, qui m'étreint de toutes parts, me pèse, et, dès que je peux blesser un de ces cyclopes, dont je suis le favori et qui osent me protéger, je suis heureux! »

« Ugo Foscolo, ajoute Philarète Chasles, mourut insolvable, et les cyclopes payèrent son convoi[1]. »

---

[1] *Etudes sur les hommes et les mœurs au dix-neuvième siècle.*

Jérémie Bentham lui parut être le la Fontaine des philosophes.

Ce personnage était un véritable enfant, tout à fait en dehors des habitudes sociales. Il passa trente années de son existence dans une maison qui donne sur le parc de Westminster, vivant comme un anachorète, et cherchant à réduire l'ensemble général des lois à un système mécanique, et l'intelligence humaine à des fonctions machinales.

Philarète eut l'insigne honneur de faire un tour de jardin avec ce philosophe en houppelande brune.

Jérémie Bentham essaya de le conquérir à ses doctrines.

Le jeune prote ne jugea pas convenable de se déclarer son adepte. Il le quitta, touché de la sincérité risible de son argumentation, mais sans accepter des théories, filles de l'arithmétique et du matérialisme.

Enfin il alla rendre visite à Coleridge, et il nous déclare que la parole humaine, en aucun temps, n'a su réunir au même degré l'éloquence ardente et la subtilité métaphysique.

Le vieux libraire Baylis et le graveur sur pierre Thomas Brown, deux radicaux exaltés, pilotaient obligeamment l'inexpérience de Philarète.

Il s'approcha de tous les partis politiques, de toutes les sectes religieuses, fréquenta toutes les classes de la société anglaise, et recueillit de la sorte immensément de matériaux, d'idées et d'impressions sur ce peuple étrange, produit discipliné de la vieille et indépendante barbarie scandinave.

Comme si le hasard eût voulu que rien ne manquât à son cours d'études, il se trouva plusieurs fois avoir affaire à l'honorable corporation des *Robbes* et des *Pickpockets*[1].

Un soir, ou plutôt un matin, car il était passé minuit, Philarète, à l'angle de Soho-square, est accosté par une sorte d'Her-

---

[1] Voleurs de grands chemins et filous.

cule qui lui demande l'heure négligemment.

Notre prote n'a pas de montre; mais sa bourse contient deux ou trois livres sterling, qu'il ne se soucie pas de voir passer dans la poche du gentleman en question.

— Je n'en sais rien, répond-il en tâchant de raffermir sa voix, *la toquante est au clou.*

Philarète prononce la phrase en argot de la cité de Londres, preuve qu'il est bon de savoir un peu de tout.

Mais il dissimule très-mal son accent parisien, car le colosse éclate de rire.

C'était un bon diable de voleur.

Et puis, à la mise peu cossue du jeune homme, il voit que, pour l'instant, il s'adresse mal. Peut-être même s'imagine-t-il avoir affaire à un collègue du continent, voyageant pour sa santé.

Toujours est-il que sa large main cherche celle de Philarète, qui se laisse presser les doigts dans un véritable étau.

— *Goddam!* s'écrie le colosse, vous êtes Français! Où demeurez-vous?

Le jeune homme n'a aucune raison pour cacher son domicile, même à un voleur. Il indique son adresse.

— Eh bien, dit l'autre, je vais justement de votre côté. Nous ferons route ensemble, si le cœur vous en dit.

Philarète trouve l'aventure divertissante.

Il marche côte à côte avec le voleur. La conversation s'engage sur des matières pleines d'intérêt. On parle des spectacles, des bals, des plaisirs fashionables de Paris, que l'Hercule semble parfaitement connaître. Sur le chemin, le jeune homme rencontre plus de cinquante *watchmen* ou *policemen*; mais il dédaigne de se mettre sous leur protection.

— Serais-je indiscret, dit-il, une fois à sa porte, en vous demandant avec qui je viens d'exécuter ce trajet nocturne ?

— Vraiment non. Je me nomme James Baker. Il est probable que je suis connu de vous ?

Philarète s'inclina.

C'était le nom d'un des plus fameux voleurs des trois royaumes.

James Baker le salua très-poliment lui-même et continua sa route.

Nous avons oublié de dire que le jeune homme, avant son départ, avait contracté, dans le quartier Saint-Jacques, une liaison de cœur.

A la fin de la seconde année de son séjour à Londres, il eut de graves attaques de spleen, et miss Élisabeth, gouvernante des filles du duc de R***, qui essayait d'opérer à son profit une dérivation des souvenirs amoureux de Philarète, ne put y réussir.

Il fallut au malade un changement de résidence.

On l'envoya au bord de la mer, dans le Northumberland, chez un brave puritain, nommé Ézéchiel F***.

Nous laissons l'auteur des *Études sur les hommes et les mœurs*[1] raconter lui-même son arrivée à la campagne.

« Je frappai longtemps, dit-il, et j'eus de la peine à me faire ouvrir. Tout le monde était couché dans cette maison régulière.

« Une grande femme, vêtue de brun,

---

[1] Philarète Chasles est l'auteur de ce livre. Ne pas confondre avec l'ouvrage d'Hippolyte Castille, qui a le tort d'avoir pris un titre absolument analogue.

qui rattachait encore en me parlant les épingles de son bonnet d'étamine, après m'avoir questionné par une fenêtre, et avoir soigneusement déplacé et réplacé les barricades de fer et les cadenas nombreux qui assuraient toutes les avenues, me dit que la famille F*** dormait, que je remettrais ma lettre à M. Ézéchiel le lendemain matin, et qu'elle allait me préparer un lit.

« En traversant la maison, je remarquai qu'à l'intérieur elle ressemblait à un couvent régulier.

« Le ton de la servante, une de ces femmes tout os dont Walter Scott fait ses Meg Merrillies, avait lui-même je ne sais quoi de solennel et de lugubre. »

Hélas! on envoyait là, pour se guérir du spleen, un malheureux Parisien!

A cette époque pourtant, le fameux axiome homœopathique *similia similibus curantur* n'était point encore en vigueur. Philarète Chasles est parfaitement reçu dans ce logis hospitalier, bien que l'accueil, au premier abord, lui semble glacial.

Mais le caractère britannique est ainsi fait, on ne le change pas.

Ézéchiel F***, homme excellent, mais rigide, ne connaît en aucune sorte ni les fioritures de la cordialité ni les expansions du discours. Toute sa famille lui ressemble, à l'exception de la plus jeune de ses filles, miss Sybilla, nature ardente, un peu contenue par la froide atmosphère qu'elle respire, mais dont le feu intérieur jaillit en rayons de ses yeux, en effluves électriques du bout de ses doigts roses.

Le jeune homme craint sérieusement de devenir amoureux de cet ange.

Il a le courage d'éviter sa présence et de la fuir. Toutes ses journées se passent à de longues promenades ou dans une enthousiaste contemplation de la nature.

« Que de fois, s'écrie-t-il, ai-je admiré, de l'une des cabanes de pêcheurs situées sur la rive, la mer calme, grossissant par une progression et comme par une émotion lente, son vaste sein s'enflant peu à peu, et un flot, puis un autre, venant expirer sur le rivage pour se retirer en silence ! Les navires, doucement soulevés, montaient au milieu du repos universel, et je n'entendais au loin que le coup presque imperceptible de la lame frappant paresseusement le flanc de quelque barque mise à l'ancre. »

Grâce à nos recherches, le lecteur a le double avantage d'avoir, çà et là, par une seule et même citation, le renseignement biographique et le spécimen du style magistral de l'écrivain.

Philarète se fit aimer de la petite colonie puritaine, grâce à la régularité de ses habitudes.

Mais, en son absence, miss Élisabeth eut le spleen à son tour. Il résolut de retourner à Londres pour la guérir : héroïque et dernier moyen par lequel il triompha de sa passion pour la fille d'Ézéchiel.

Philarète retrouva chez Valpy son emploi de correcteur, et le conserva deux années encore.

Vers la fin de 1823, au retour d'un voyage en Écosse, il se sentit pris d'un vif désir de revoir l'honnête famille dont il avait été l'hôte. En conséquence, il se détourna de son chemin tout exprès pour visiter ce coin solitaire du Northumberland.

Mais, hélas! d'horribles malheurs ont atteint la maison d'Ézéchiel.

La pauvre miss Sybilla, sur le point de se marier selon son cœur, a vu la *presse*¹ lui enlever brutalement son futur et l'envoyer combattre aux États-Unis.

A peine débarqué, le malheureux tomba frappé d'une balle au front, et ne se releva plus.

Sa fiancée, apprenant cette nouvelle, devint folle de désespoir. Elle se précipita dans la mer.

Un vieux pêcheur, ancien ami de Philarète, lui donna tous ces détails funèbres,

¹ Mode sauvage de recrutement, auquel nos voisins ont renoncé depuis.

ajoutant qu'Ézéchiel vivait seul dans la maison, car la douleur avait tué sa vieille compagne et creusé une troisième tombe.

Il s'éloigna, le cœur serré, l'œil humide, ne se sentant pas le courage de troubler par sa visite des chagrins qu'on ne console pas.

Philarète Chasles employa les dernières années de son séjour outre-Manche en voyages dans le pays de Galles et sur la vieille terre d'Irlande.

L'illustre écrivain nous a raconté ces voyages avec infiniment de verve et d'esprit.

Seulement nous lui adresserons un reproche : il ne sait pas faire dialoguer ses personnages d'après le caractère qu'il leur donne. C'est toujours Philarète qui parle, avec son esprit chatoyant, et sa phrase prismatique.

Nous le trouvons sage de s'en tenir au rôle qu'il a choisi tout d'abord en littérature.

Humoriste incomparable, il n'eût jamais composé un drame, ni même un roman.

Ses peintures, toujours vives et brillantées, sont parfois effrayantes de réalisme. On n'a jamais tracé de tableau plus fidèle et mieux compris du peuple irlandais que dans les pages qu'il a écrites sur ces derniers fils des Celtes.

Malheureusement son génie mystificateur prend quelquefois le dessus. Il nous donne, avec un sérieux parfait, pour des mots gaéliques un assemblage de plusieurs consonnes que jamais gosier humain n'a pu prononcer.

Philarète Chasles va plus loin encore, il les traduit.

Ainsi *lwm* veut dire promontoire, et *wwd* signifie objet étroit.

Demandez après cela comment il se fait que, depuis Hérodote, les voyageurs aient si mauvaise réputation.

Il imprime chez Valpy plusieurs ouvrages en langue anglaise [1]; puis il re-

[1] Plus tard, il envoya de France, à diverses repri-

passe le détroit pour venir demander à notre littérature nationale des moyens d'existence.

Tous les libraires auxquels il offre des traductions de romans étrangers [1] lui répondent qu'ils ont leurs fournisseurs.

— Allons donc ! des cuistres, qui ne savent pas plus l'anglais que le français ! répond le jeune auteur exaspéré.

C'était le moyen de se fermer toutes les portes.

---

ses, nombre d'articles en anglais aux Revues américaines.

[1] Anglais ou allemands. Philarète Chasles connaissait aussi la langue de Gœthe.

Imprudent Philarète! Oser mettre en doute l'omni-science des libraires!

La lutte le décourage. Ses économies sont épuisées. Encore une ou deux semaines de cette inaction de plume à laquelle il est condamné forcément, et il se verra contraint de retourner à la correction typographique, qui lui perd la vue.

Enfin, une grande dame, amie d'enfance de sa mère, lui procure chez le baron d'Eckstein une place acceptable.

D'Eckstein était le rédacteur en chef du *Drapeau blanc*.

Juif d'Altona, converti au catholicisme

sous l'Empire, il devait sa position au patronage de M. de Metternich ; le vieux diplomate avait fait cadeau de cette plume active au gouvernement français.

Le baron ne manquait pas d'un certain talent.

C'était une tête assez philosophiquement assise. Il traitait d'un point de vue fort élevé la polémique de journal.

Mais il avait besoin d'un secrétaire intelligent, qui fît la chasse à ses germanismes et assouplît un peu ses longues périodes tudesques.

Philarète lui devint donc fort utile.

D'Eckstein n'aurait reculé devant aucun sacrifice pour le conserver près de lui. Malheureusement le jeune homme avait la politique en horreur. Il échangea bientôt sa position contre une place analogue chez un écrivain plus littéraire, M. de Jouy.

Rédacteur du *Constitutionnel*, et par cela même enragé libéral, l'auteur de *Fernand Cortez* ne comprenait pas que le fils d'un ancien membre de la Convention affichât en matière politique une telle indifférence.

— Vous perdez votre avenir, lui disait-il.

En effet, M. Chasles n'a pas eu d'avenir

au point de vue envisagé par M. de Jouy.

Constamment il a refusé d'accepter un rôle dans le drame fougueux de l'opposition radicale. Sous le règne de Louis-Philippe, où il était en passe d'arriver à tout, jamais on ne l'a vu solliciter des colléges électoraux un mandat pour soutenir la betterave ou le fer national. Il n'a pas donné au journalisme un seul premier-Paris.

Cette réserve ne peut obtenir assez d'éloges.

Homme de lettres, rien qu'homme de lettres; c'est superbe! et, disons-le, par le temps qui court, c'est rare!

D'abord secrétaire de M. de Jouy, Philarète Chasles monte ensuite au grade de collaborateur anonyme. Une part notable de l'esprit et des finesses qui se trouvent dans l'*Ermite en province* doit être mise au compte particulier de notre écrivain.

Il composa l'opéra des *Athéniennes* avec son patron.

Presque en même temps nous le voyons débuter à la *Revue philosophique* par des articles intitulés : *Coup d'œil sur les poëtes anglais.* Il y fait preuve d'une érudition très-variée, et déploie déjà dans ce coup d'essai les grâces agaçantes de son esprit.

Ces qualités peu communes attirent l'attention sur Philarète Chasles.

Le public est ravi de trouver chez un historien littéraire une langue poétique et un style plein de couleur, surprise à laquelle ne l'avaient point habitué les œuvres de Suard et de Lally-Tollendal.

En 1824, Philarète traduit un livre de Jérémie Bentham : *Essai sur la situation politique de l'Espagne*, et remporte une couronne académique pour un *Éloge de de Thou*.

Ce succès l'encourage.

Il fait paraître, six mois après, la *Fiancée de Bénarès*, *Nuits indiennes*, œuvre étrange, poëme mêlé de récits en prose. « Un vrai poëme de la Restauration, dit Champfleury, que je salue respectueusement dans les boîtes des bouquinistes, mais que je n'ouvre pas. »

Philarète Chasles publie, en outre, les *Lettres d'un Voyageur américain* [1], puis un *Résumé de l'Histoire de la Suisse*, ouvrage commandé par un libraire, et que nous n'enregistrons que par un scrupule d'exactitude.

Le 25 août 1828, il partage avec Saint-Marc Girardin une nouvelle couronne académique, et tous deux entrent aux *Débats*.

Duviquet prenait alors sa retraite.

Le feuilleton dramatique échut à Phila-

---

[1] Traduction de l'anglais.

rète, à l'exception des comptes rendus de la Comédie-Française, confiés à Lesourd. Cette combinaison ne fut pas de longue durée. Les décemvirs, Chasles et Lesourd, furent remplacés par l'autocrate Janin.

Cependant Véron venait de fonder la *Revue de Paris.*

Alors, comme à présent, Fontanarose avait la manie des concours. Il en imagina un pour fêter la naissance de son recueil; les deux lauréats furent MM. Chasles et Ternaux.

Et la petite presse de s'égayer à ce sujet.

« La *Revue*, disait-elle, est une bourgeoise économe; elle se contente d'un châle Ternaux. »

Philarète, esprit fécond, producteur infatigable, devient la providence des *Revues*; Buloz l'attache à sa rédaction pour corriger les défectueuses traductions de l'anglais qu'il a commandées avant de le connaître.

« Cela ne vous empêche pas, lui dit-il, de m'apporter autant d'articles originaux que bon vous semblera. »

Le talent de M. Chasles, très-goûté à la *Revue des Deux-Mondes*, contribua beaucoup à enrichir le Suisse Buloz, propriétaire d'un recueil, où il est incapable d'écrire une ligne, et où il ne sait fourrer que ses rancunes, rédigées par des écrivains-laquais à ses gages.

En 1835, Philarète Chasles fut attaché par M. William Duckett à la *Chronique de Paris*[1].

Il eut le tort d'y consacrer son premier article à une appréciation des œuvres de Balzac, fort injuste, selon nous, en ce sens que les défauts d'un écrivain de ce génie doivent trouver grâce devant le nombre de ses qualités.

« Nous déplorons, dit-il, son intarissable

---

[1] Tous les quinze jours, il y donna une revue littéraire assez piquante, signée AL. DE C. Cette revue, sous forme de lettre, s'adressait à M. Willibald B..., à Édimbourg.

parlage et la ponte infatigable de ces romans et de ces contes qui éclosent par centaines, bons, mauvais, excellents, médiocres, admirables ou nuls. »

Plus loin il révèle qu'*Eugénie Grandet* n'est que l'imitation d'un roman publié à Édimbourg, *the usurgr's Danghter*, la *Fille de l'usurier*. Du reste, il avoue que Balzac a fait mieux que l'original : « Son imagination est plus vive, plus rapide, plus chaude, sa manière plus incisive. »

Il conclut en raillant les prétentions nobiliaires de l'auteur. « N'oublions pas, écrit-il, que la famille des Balzac est identique à celle des d'Entragues. »

Aussi, quand, vers le milieu de l'année

suivante, l'auteur du *Père Goriot* devint propriétaire de la *Chronique*, il se hâta de signifier au critique anglo-français son congé, de la façon la moins polie, dit l'histoire.

Vers la même époque, Philarète Chasles épousa la baronne de Presles.

Le journal des *Débats* lui avait créé de magnifiques relations, et l'on peut dire qu'il doit sa fortune à la feuille doctrinaire.

Un compte rendu élogieux de plusieurs ouvrages de M. Guizot valut à Philarète Chasles une excellente place à la bibliothèque Mazarine. Il en est aujourd'hui le second conservateur, avec un traitement de six mille francs et son logement à l'Institut.

En 1841, la protection du ministre lui donne la chaire instituée au collége de France pour l'enseignement des langues et des littératures d'origine germanique.

Mais une pierre d'achoppement se rencontre.

Philarète a négligé jusqu'alors de se pourvoir du moindre titre universitaire. Il n'est pas même bachelier ès lettres.

Une dispense spéciale lui permet d'acquérir, dans le cours de la même journée, les diplômes de bachelier, de licencié et de

docteur à la Faculté des lettres de Paris [1].
Il ouvre ses leçons en 1842, au milieu
d'une foule innombrable, attirée là par sa
renommée d'écrivain.

Depuis cette époque, le cours du célèbre
professeur est assidûment suivi par beaucoup de femmes élégantes.

Philarète Chasles se met en frais pour
ces gracieuses écolières.

Sa physionomie vive, spirituelle, encore
jeune, malgré ses cinquante-sept ans, ses

---

[1] Des professeurs, entre autres Saint-Marc Girardin, furent nommés extraordinairement pour interroger cet illustre candidat. Philarète Chasles fut bachelier à onze heures, licencié à deux heures et docteur à cinq heures. On lui passa le thème grec et les vers latins.

cheveux toujours noirs, la distinction avec laquelle il porte le frac, tout relève admirablement le charme poétique de sa parole.

Une dame conduit un jour sa toute jeune fille au collége de France.

Elle lui a recommandé de prendre des notes. L'enfant ne quitte pas son crayon. Sa mère, à la fin du cours, jette les yeux sur le cahier. Qu'y voit-elle ?

Le portrait de Philarète Chasles !

« Ah ! que veux-tu, maman, dit la petite fille, je n'aurais pu écrire tout son esprit ; mais je le retrouve sur sa figure. »

Il n'y a plus d'enfants.

Quoi qu'il en soit, M. Sainte-Beuve n'a jamais obtenu pareil triomphe.

Notre professeur arrive à son cours sans avoir préparé ses leçons. Il se borne à prendre coup sur coup trois ou quatre tasses de café noir, et se fie ensuite à ses vastes connaissances, à son esprit, à sa verve.

La méthode n'est pas sa qualité dominante.

Il se laisse gouverner par la fantaisie et par le caprice, qui donnent à sa parole tout le mérite de l'impromptu ; il promène son auditoire à travers tous les âges, tous les pays, tous les grands noms, toutes les grandes choses, sans que jamais l'attention

se fatigue, sans que la curiosité se rebute.
Ses harangues abondent en tours piquants;
son esprit est plein de coquetteries félines,
de traits inattendus.

Mais il outre parfois la séduction de ses
manières et tombe dans l'afféterie.

On comprend sans peine qu'avec cette
organisation brillante, mais incomplète,
Philarète Chasles n'ait jamais fait un livre.
Si intéressants et si instructifs que soient
ses ouvrages, ils n'ont de valeur que par les
détails, ils ne sont estimés que comme
fragments.

Ces fragments, dont il a fait des volumes, ont été publiés partout, dans les

Débats, — dans la *Revue de Paris*, — dans la *Revue des Deux-Mondes*, — dans la *Revue britannique*, — dans la *Revue encyclopédique*, — dans le *Miroir*, — la *Pandore*, — le *Mercure du dix-neuvième siècle*, — la *France chrétienne*, — le *Courrier français*, — le *Dictionnaire de la conversation*, etc.

Il les a réunis sous le titre général d'*Études de littérature comparée*[1].

---

[1] Voici les divers ouvrages de la collection : *Études sur l'Allemagne*, — *Études sur l'Amérique*, — *Études sur l'Angleterre au dix-neuvième siècle*, — *Études sur l'antiquité*, — *Cromwell*, — *Études sur le dix-huitième siècle en Angleterre*, — *Études sur l'Espagne*, — *les Hommes et les Mœurs au dix-neuvième siècle*, — *Études sur le moyen âge*, — *Études sur le seizième siècle en France*, — *Shakspeare*, — *Marie Stuart* — et *l'Arétin*. Ce bagage littéraire s'augmente d'une traduction d'Horace, — d'une traduction des œuvres de Paul Richter,

Le talent de M. Philarète Chasles n'est pas précisément un talent de critique, c'est plutôt un talent d'historien littéraire.

« Le poëte d'outre-Rhin qui l'a appelé *initiateur*, dit Champfleury, a trouvé le vrai mot. Toujours en quête d'un nom nouveau, interrogeant les deux mondes, se tournant vers le Nord et ne méprisant pas le Midi, quittant l'Allemagne pour l'Italie, l'Espagne pour l'Angleterre, restaurant les grandes figures et caressant avec amour le doux pastel de Lamb, fouillant dans les ruines de Pompéi et dans les

---

— de la thèse que M. Chasles a soutenue pour le doctorat ès lettres : *De teutonicis latinisque linguis*, — enfin d'une autre thèse passée pour l'obtention du même grade et qui a pour titre : *De l'autorité historique de Flavius Josèphe.*

cabanes à peine construites de l'Amérique, on ne peut lui refuser ce titre d'*initiateur*, titre glorieux, en ce qu'il appartient à Philarète Chasles seul en France. »

Les ennemis de notre écrivain l'ont accusé de nombreux plagiats.

C'était inévitable, en raison même du filon littéraire qu'il exploite. On n'instruit jamais les hommes sans faire naître dans leur âme un sentiment d'ingratitude et de jalousie qui les porte à dénigrer leur maître.

M. Cherbuliez [1] prétend que les *Études*

[1] *Revue critique* (juillet 1851), pages 209 et suivantes.

sur les mœurs et la littérature des Anglo-Américains sont la reproduction à peine modifiée d'articles de l'*Edimburg Magazine*. A l'appui de son dire, il ne cite que dix lignes de considérations philosophiques sur l'imagination, et cela peut fort bien être considéré comme une réminiscence.

Qui veut trop prouver ne prouve rien.

Si M. Chasles a signé les *Souvenirs d'un Médecin*, de Samuel Warron, il n'a pas tû le nom de l'auteur original d'un livre qu'il a, du reste, complétement transformé.

Jamais il ne s'abandonne à une traduction servile; toujours il améliore, développe ou réfute.

Les seuls plagiats qu'il ait à se reprocher sont des *plagiats à rebours*, comme il le dit finement lui-même ; car il lui est arrivé cent fois de donner pour des traductions des articles de son cru, innocente supercherie qu'Alexandre Dumas n'eût jamais faite !

On n'a pas seulement attaqué la délicatesse littéraire de Philarète Chasles, on a mis en jeu sa personne.

De bonnes âmes sont venues nous dire : Il n'a pas d'ordre ; il est toujours en guerre avec ses éditeurs et ses directeurs. Quand on lui fait des avances d'argent, il faut attendre sa prose pendant des mois, pendant des années entières. Personne comme lui n'a le *chic* de la copie soufflée, c'est-à-dire du manuscrit présentant l'apparence de plusieurs feuilles d'impression, tandis qu'il en contient à peine une seule.

Un féroce bourgeois nous écrit :

« Puisque vous devez publier l'histoire de Philarète Chasles, n'oubliez pas d'apprendre au public que j'ai le malheur d'être au nombre de ses créanciers, » etc.

Tout beau, messieurs !

Entendons-nous, de grâce, et que ceux qui voudraient nous accuser d'avoir deux poids et deux mesures tournent sept fois la langue dans leur bouche avant de proférer cette sottise.

M. Chasles est-il un forban de lettres, un critique sans conscience, un réformateur, un tribun?

L'avez-vous vu battre monnaie avec le talent des jeunes écrivains, traduire ses rancunes en calomnies littéraires, prêcher le saint-simonisme, le fouriérisme, le communisme?

A-t-il jamais attaqué l'ordre, la religion, la morale?

Où sont les principes qu'il a combattus? où sont les ruines qu'il a faites?

Ce n'est point un homme de bouleversement, ce n'est point un apôtre de mensonge, et nous n'avons pas à lui arracher de masque.

Donc, il nous est interdit de franchir le seuil de sa vie privée.

Nous trouvons M. Pichot coupable, lorsqu'il publie dans la *Revue britannique* certains détails intimes et scandaleux ; nous condamnons formellement M. Buloz lorsqu'il raconte dans son recueil des histoires de *prime* et de *recors*, que personne ne demande à connaître.

Le directeur de la *Revue des Deux-Mondes* a provoqué un article sanglant,

expédié par son ennemi à la *Gazette
russe.*

Nous aurons la générosité de ne point
le reproduire.

M. Chasles a des dettes, il n'en disconvient pas; mais il offre de prouver
que sa mauvaise situation pécuniaire
tient à ce qu'il a liquidé, depuis dix ans,
plus de cinquante mille francs de créances pour affaires de famille.

A cela personne n'a rien répondu.

Toutes ces querelles sont affligeantes.

N'en déplaise à MM. Pichot et Buloz,
nos sympathies sont acquises à l'homme

qu'on attaque de cette odieuse façon.

Les sots vont dire que M. Philarète Chasles est de nos amis; les sots auront tort : nous n'avons jamais eu l'honneur de parler à l'illustre écrivain; nous ne connaissons personne qui lui touche de près.

Le professeur a un fils, dont les débuts littéraires n'ont pas été sans éclat. M. Émile Chasles est une des colonnes de la *Revue contemporaine*.

Quant à Philarète, il continue de travailler et de produire sans relâche, malgré le dénigrement des méchantes langues et les perfides insinuations des envieux.

Il se repose de l'étude par les voyages, car les voyages sont pour lui une source d'études nouvelles.

Dernièrement, il se promena sur les bords du Rhin et fit des cours publics en Prusse.

M. Chasles est l'homme le plus distrait de France et de Navarre. Il rendrait des points au duc de Brancas, ce type original de la Bruyère.

L'autre soir, il se fait ramener à l'Institut en voiture de place, et oublie de payer le cocher.

Celui-ci tout naturellement stationne à la porte, y reste jusqu'à minuit, et réveille à grands coups de marteau la maison qui dort, afin de réclamer neuf heures de cabriolet.

Philarète affectionne particulièrement ce genre de véhicule.

Comme on disait jadis : « Balzac et sa canne, » on dit aujourd'hui : « Chasles et son cabriolet. » L'un ne va jamais sans l'autre.

FIN.

Je vous remercie beaucoup, Monsieur, du souvenir aimable qui vous remet en relations avec nous. J'ai eu le malheur de perdre récemment mon père. Si l'article que je vous enverrai sur lui, et qui est d'une extrême exactitude, trouve place dans votre Biographie, je vous devrai une obligation que je saisirai tous les moyens de reconnaître. Quant au mien, je vous avoue que j'y tiens moins ; cependant je le confie à votre obligeance. Celui qui se trouve joint aux deux articles dont je vous parle, concerne un de mes meilleurs amis, fort distingué dans son art, et qui mérite la réputation, déjà répandue parmi les artistes. Je désire qu'il puisse se classer à la lettre Z, dont vous êtes encore bien loin. J'espère que l'occasion se présentera de vous rendre service pour service ; et j'espère que vous voudrez bien compter sur moi. Agréez en attendant mes salutations amicales et mes remerciements sincères.

Chasles.

VIENT DE PARAITRE

HISTOIRE-MUSÉE
DE LA
RÉPUBLIQUE FRANÇAISE

DEPUIS

L'ASSEMBLÉE DES NOTABLES JUSQU'A L'EMPIRE

PAR

AUGUSTIN CHALLAMEL

ACCOMPAGNÉE

DES ESTAMPES, COSTUMES, MÉDAILLES,
CARICATURES, PORTRAITS HISTORIÉS ET AUTOGRAPHES
LES PLUS REMARQUABLES DU TEMPS

TROISIÈME ÉDITION

Le succès qui a accueilli les deux premières éditions de ce livre pourrait, à la rigueur, nous dispenser d'entrer dans de nouvelles explications sur l'intérêt des matières qu'il traite et sur l'importance des nombreux documents qu'il contient; mais il nous a semblé qu'il ne serait pas hors de propos aujourd'hui de dire quelques mots sur la pensée de l'auteur, sur le plan qu'il a suivi et sur les motifs qui doivent faire, à notre avis, désirer en ce moment une réimpression de cet ouvrage.

L'*Histoire-Musée de la République française* n'est pas, à proprement parler, une histoire de la République, c'est-à-dire un récit plus ou moins détaillé des événements publics groupés et appréciés suivant la passion politique, le système ou l'école philosophique de l'auteur; elle n'est pas non plus, comme on pourrait le penser, un simple recueil de documents, plutôt fait pour les écrivains que pour les lecteurs; elle tient à la fois de ces deux genres de livres; plus impartiale et moins solennelle que les narrations des historiens, en ce qu'elle se borne, la plupart du temps, à exposer les circonstances dans lesquelles se sont produits les lettres, les dessins, les emblèmes, les caricatures, dont elle retrace et conserve l'image exacte comme autant de monuments des luttes des partis, elle est moins sèche aussi et plus instructive qu'une simple collection de pièces, parce que, en guidant le lecteur par un récit rapide des faits qui relient entre elles ces productions si diverses de l'esprit français pris sur le fait dans le moment où la surexcitation des passions de parti lui donne l'essor le plus énergique, elle met l'observateur intelligent à même d'en déduire des enseignements utiles.

On pourrait dire que l'*Histoire-Musée de la République française* est la chronique du mouvement quotidien de l'esprit français pendant la Révolution.

Quant à l'opportunité du moment choisi pour cette réimpression, nul ne contestera qu'elle ne saurait se produire plus à propos que dans ces temps de calme si favorables à la méditation, ces temps où les esprits sérieux aiment à chercher dans l'étude impartiale du passé la raison d'être du présent et la leçon de l'avenir.

CONDITIONS DE LA SOUSCRIPTION

L'*Histoire-Musée de la République française*, par Augustin CHALLAMEL, formera deux volumes grand in-8 jésus.

550 gravures sur acier et sur bois, dessinées et gravées par les meilleurs artistes, illustreront cet ouvrage, qui sera publié en 72 livraisons à 25 cent., et en 12 séries brochées à 1 fr. 50 cent.

Chaque livraison contiendra invariablement 16 pages de texte, avec gravures, plus *deux gravures* sur acier ou sur bois, tirées à part, ou une gravure et un autographe.

Prix de la livraison, 25 centimes

LES PREMIÈRES LIVRAISONS SONT EN VENTE

ON SOUSCRIT A PARIS

CHEZ **GUSTAVE HAVARD**, LIBRAIRE-ÉDITEUR

RUE GUÉNÉGAUD, 15

Et chez tous les Libraires de la France et de l'Étranger.

Paris. — Typ. de Gaittet et Cie, rue Git-le-Cœur, 7.

LES CONTEMPORAINS

JOURNAL CRITIQUE ET BIOGRAPHIQUE

EUGÈNE DE MIRECOURT, Rédacteur en chef

BUREAUX A PARIS, RUE COQ-HÉRON, 5

Une publication qui, depuis trois ans, n'a pas vu le succès se ralentir pour elle, vient aujourd'hui prêter son titre au journal que nous annonçons.

M. Eugène de Mirecourt sera le rédacteur en chef de ce journal.

Tôt ou tard, l'auteur de tant de volumes, — loués sans restriction par les uns, impitoyablement dénigrés par les autres, — devait prendre rang dans la presse militante.

L'heure est venue pour lui de se défendre, en allant chercher sur leur terrain même les ennemis discourtois qui le poursuivent de leurs attaques.

LES CONTEMPORAINS, — ce titre engage.

Il annonce nécessairement une feuille toute d'actualité, palpitant, respirant en quelque sorte avec le siècle, et à laquelle il suffira de tâter le pouls, si l'on veut apprendre comment se porte le monde littéraire et comment se porte le monde qui ne l'est pas.

Toutes les richesses biographiques restées intactes dans le portefeuille de M. Eugène de Mirecourt, et que le cadre restreint de ses volumes ne lui permet pas d'employer, trouveront ici leur place, en donnant le complément de son œuvre.

Critiques originales, nouvelles de bonne source, échos et bruits de la ville, anecdotes vivantes; portraits tantôt sérieux, tantôt grotesques, mais toujours ressemblants; cuisine mystérieuse des journaux, des revues, des théâtres, des académies; histoire complète de l'époque, écrite jour par jour avec vérité, discernement, conscience : — voilà ce qu'annonce le journal nouveau.

Quant à la polémique, — plus ses adversaires seront violents et grossiers, — plus M. Eugène de Mirecourt s'affermira dans la résolution d'être calme, convenable et de bon goût.

———

Le journal les Contemporains paraîtra toutes les semaines, le mardi (52 numéros par an).

Le premier numéro a paru le mardi 6 janvier 1857.

On s'abonne à Paris, rue Coq-Héron, 5.

Le Journal LES CONTEMPORAINS se vend
CHEZ GUSTAVE HAVARD, LIBRAIRE,
15, RUE GUÉNÉGAUD,
CHEZ TOUS LES MARCHANDS DE JOURNAUX
ET CHEZ
TOUS LES LIBRAIRES DE FRANCE ET DE L'ÉTRANGER

UN NUMÉRO : TRENTE CENTIMES

PRIX DE L'ABONNEMENT
POUR PARIS ET LES DÉPARTEMENTS

Trois mois : 5 fr. — Six mois : 10 fr. — Un An : 18 fr.
ÉTRANGER, — le port en sus selon les pays.

Le journal LES CONTEMPORAINS *sera envoyé gratuitement, comme essai, à toute personne qui en fera la demande par lettre affranchie.*

Pour le prix de l'abonnement, envoyer *une valeur sur Paris* — OU UN MANDAT SUR LA POSTE à M. le Directeur du journal **les Contemporains**, rue Coq-Héron, 5. (*Affranchir.*)

www.ingramcontent.com/pod-product-compliance
Lightning Source LLC
LaVergne TN
LVHW030640090426
835512LV00007B/943